Impressum
Verlag: BABADADA GmbH, Nedderfeld 112 , 22529 Hamburg
Geschäftsführer / Verlagsleitung: Harald Hof
Druck: Books on Demand GmbH, In de Tarpen 42, 22848 Norderstedt

Imprint
Publisher: BABADADA GmbH, Nedderfeld 112 , 22529 Hamburg, Germany
Managing Director / Publishing direction: Harald Hof
Print: Books on Demand GmbH, In de Tarpen 42, 22848 Norderstedt, Germany

škola

училище

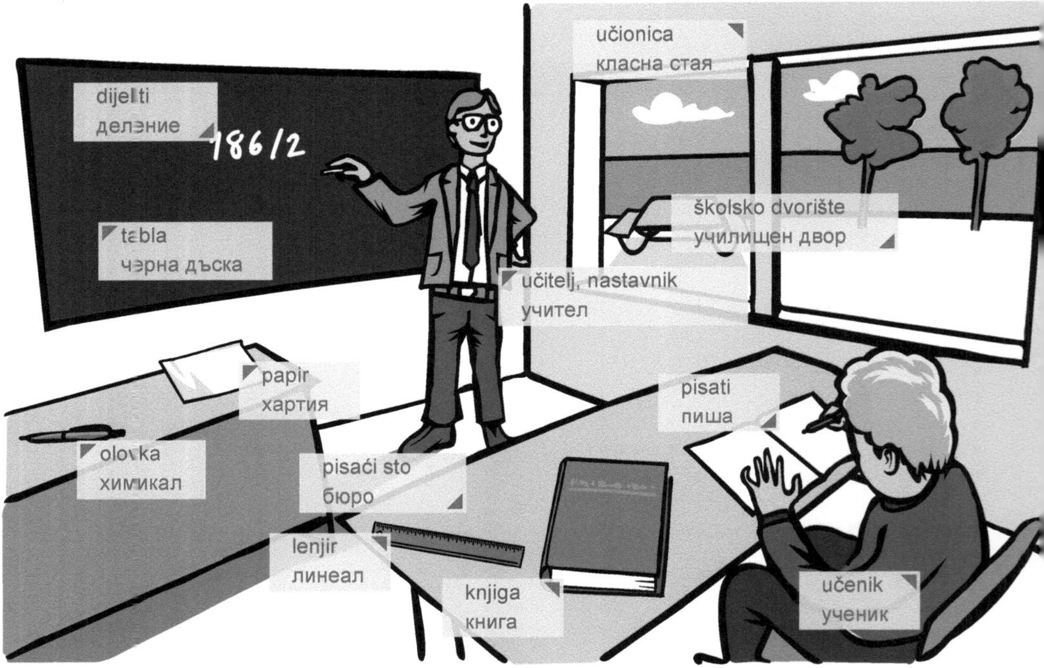

učionica
класна стая
dijeliti
деление
186/2
tabla
черна дъска
školsko dvorište
училищен двор
učitelj, nastavnik
учител
papir
хартия
pisati
пиша
olovka
химикал
pisaći sto
бюро
lenjir
линеал
knjiga
книга
učenik
ученик

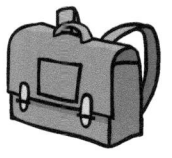

torba

ученическа раница

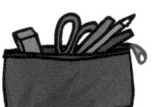

pernica

ученически несесер

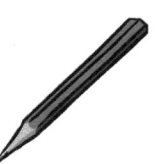

drvena olovka

молив

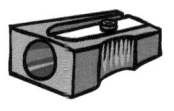

šiljalo za olovke

острилка за моливи

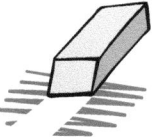

gumica

гума

blok za crtanje

блок за рисуване

crtež
рисунка

kist
четка

kutija s bojama
акварелни бои

makaze
ножица

ljepilo
лепило

vježbanka
тетрадка за упражнения

domaća zadaća
домашна работа

broj
число

sabirati
събиране

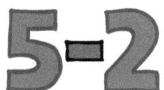

oduzimati
изваждане

množiti
умножение

računati
смятане

slovo
буква

abeceda
азбука

riječ
дума

tekst

текст

čitati

чета

kreda

тебешир

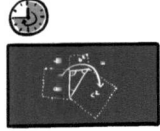

sat

час

školski dnevnik

дневник на класа

ispit

изпит

svjedočanstvo

свидетелство

školska uniforma

ученическа униформа

izobrazba

образование

leksikon

справочник

univerzitet

университет

mikroskop

микроскоп

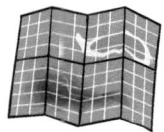

karta

карта

korpa za papir

кошче за хартиени
отпадъци

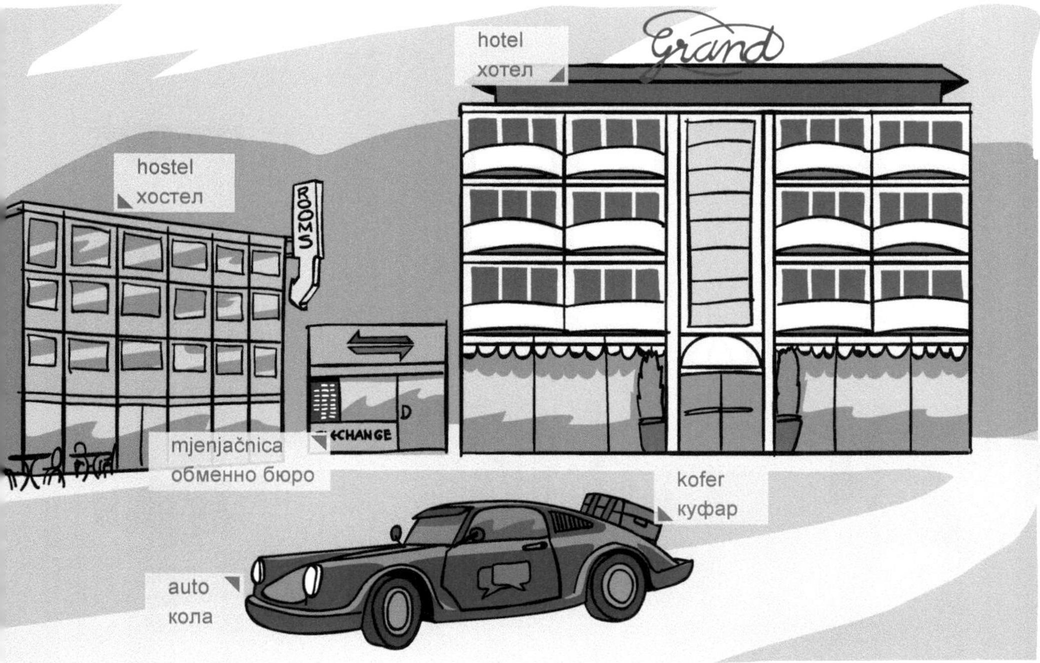

hotel
хотел
Grand
hostel
хостел
ROOMS
mjenjačnica
обменно бюро
EXCHANGE
kofer
куфар
auto
кола

jezik

език

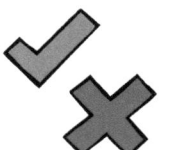

da / ne

да / не

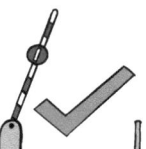

okej

Окей

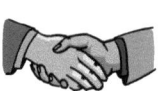

zdravo

здравей

tumač

преводач

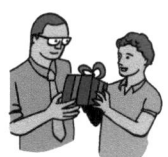

hvala

Благодаря

Koliko košta...?

Колко струва...?

Ne razumijem

Не разбирам

problem

проблем

dobro veče!

Добър вечер!

Dobro jutro!

Добро утро!

Laku noć!

Лека нощ!

doviđenja

дозиждане

smjer

посока

prtljag

багаж

torba

пъ"на чанта

ruksak

раница

gost

посетител

soba

стая

vreća za spavanje

спален чувал

šator

палатка

turističke informacije
ристическа информация

plaža
плаж

kreditna kartica
кредитна карта

doručak
закуска

ručak
обед

večera
вечеря

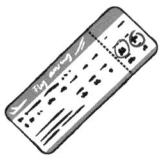

putna karta
билет

lift
асансьор

poštanska markica
пощенска марка

granica
граница

carina
митница

ambasada
посолство

viza
виза

pasoš
паспорт

transport

транспорт

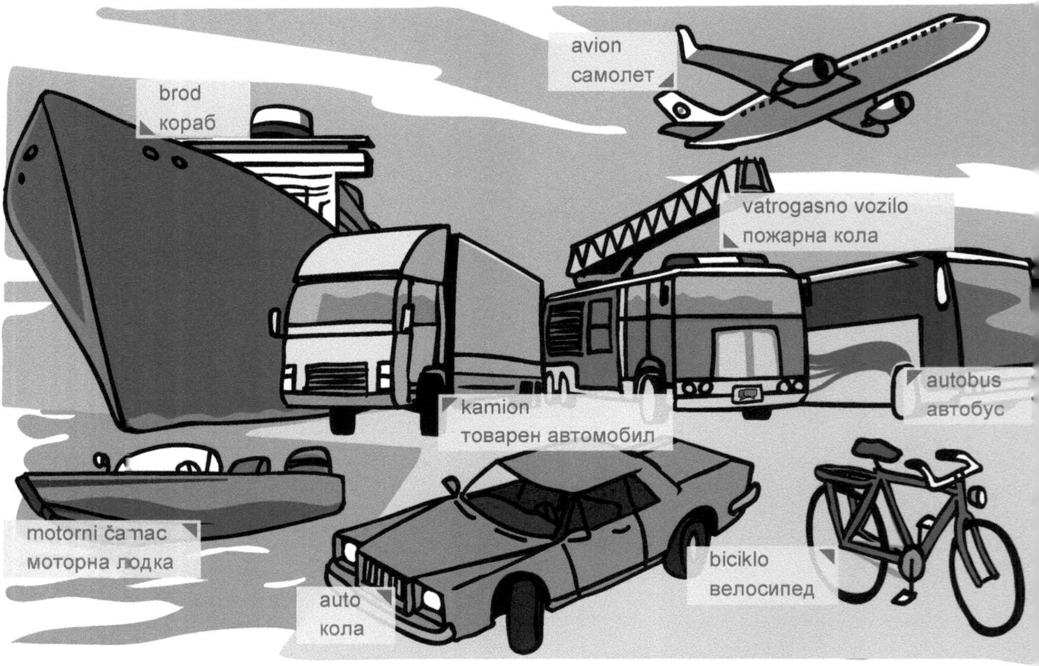

avion
самолет
brod
кораб
vatrogasno vozilo
пожарна кола
autobus
автобус
kamion
товарен автомобил
motorni čamac
моторна лодка
biciklo
велосипед
auto
кола

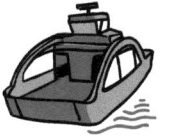

trajekt

фериботдо

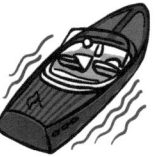

brod

лодка

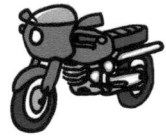

motocikl

мотоциклет

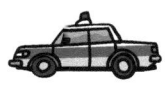

policijski automobil

полицейска кола

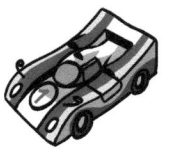

trkaći automobil

състезателна кола

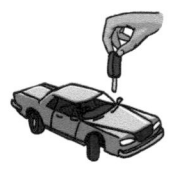

unajmljeni automobil

кола под наем

kar-šering

каршеринг

pauk

автомобил от "Пътна помощ"

smećarsko vozilo

сметовоз

motor

двигател

gorivo

бензин

benzinska pumpa

бензиностанция

saobraćajni znak

пътен знак

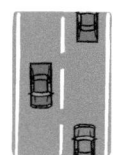

saobraćaj

улично движение

zastoj

задръстване

parking

паркинг

željeznička stanica

гара

šine

релси

voz

влак

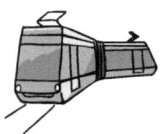

tramvaj

трамвай

vagon

вагон

helikopter

хеликоптер

aerodrom

аерогара

toranj

кула

putnik

пасажер

kontejner

контейнер

karton

кашон

tačke

ръчна количка

korpa

кошница

poletjeti / sletjeti

излитам / приземявам се

grad

град

selo

село

centar grada

градски център

kuća

къща

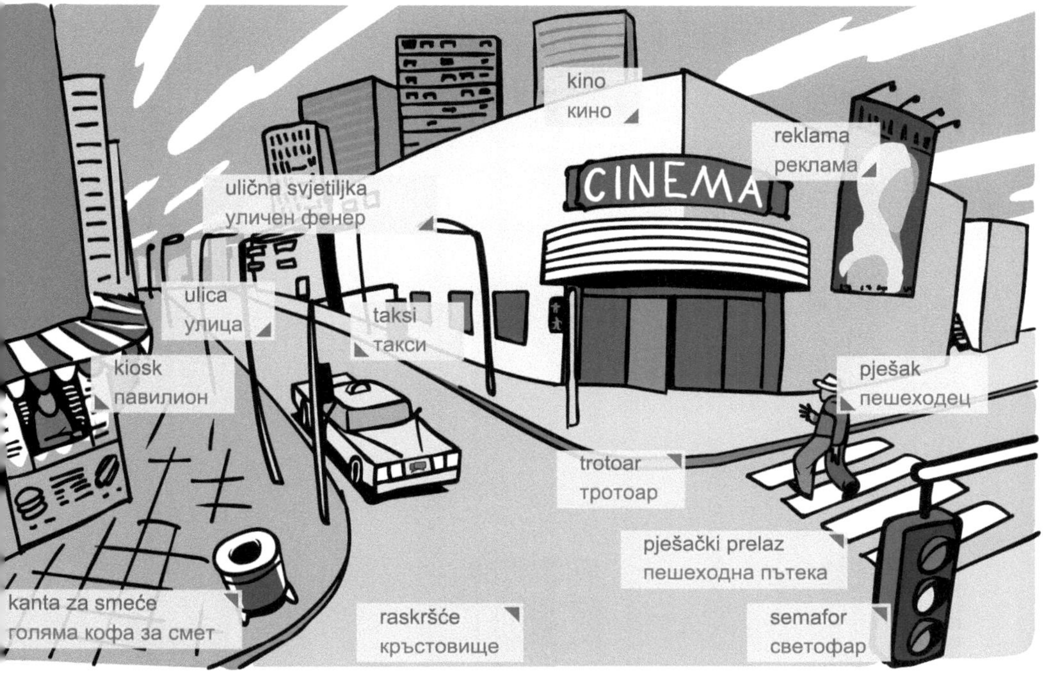

kino
кино

reklama
реклама

ulična svjetiljka
уличен фенер

CINEMA

ulica
улица

taksi
такси

pješak
пешеходец

kiosk
павилион

trotoar
тротоар

pješački prelaz
пешеходна пътека

kanta za smeće
голяма кофа за смет

raskršće
кръстовище

semafor
светофар

koliba

хижа

stan

жилище

željeznička stanica

гара

vjećnica

кметство

muzej

музей

škola

училище

univerzitet

университет

banka

банка

bolnica

болница

hotel

хотел

apoteka

аптека

ured

офис

knjižara

книжарница

radnja

магазин за цветя

cvjećara

магазин за цветя

supermarket

супермаркет

pijaca

пазар

robna kuća

универсален магазин

prodavač ribe

търговец на риба

trgovački centar

търговски център

luka

пристанище

park

парк

klupa

пейка

most

мост

stepenice

стълба

podzemna željeznica

метро

tunel

тунел

autobuska stanica

автобусна спирка

bar

бар

restoran

ресторант

poštanski sandučić

пощенска кутия

saobraćajni znak

улична табелка

sat za naplatu parkinga

часовник за паркинг
престой

zoološki vrt

зоологическа градина

bazen

плувен басейн

džamija

джамия

seosko imanje

сел̀ски двор

zagađenje okoline

замърсяване на околната среда

groblje

гробище

crkva

църква

igralište

детска площадка

hram

храм

krajolik

пейзаж

list
листо

putokaz
пътепоказател

putokaz
път

livada
ливада

kamen
камък

drvo
дърво

putnik
пътэшественик

rijeka
река

trava
трева

cvijet
цвете

dolina

долина

brdo

планина

jezero

море

šuma

гора

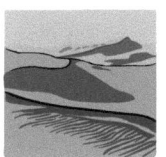

pustinja

пустиня

vulkan

вулкан

dvorac

замък

duga

дъга

gljiva

гъба

palma

палма

komarac

комар

muha

муха

mrav

мравка

pčela

пчела

pauk

паяк

buba
брамбар

žaba
жаба

vjeverica
катеричка

jež
таралеж

zec
заек

sova
кукумявка

ptica
птица

labud
лебед

divlja svinja
диво прасе

jelen
елен

los
лос

brana
бент

vjetrenjača
вятърна турбина

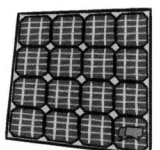

solarni modul
соларен модул

klima
климат

restoran
ресторант

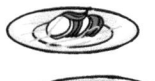

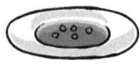

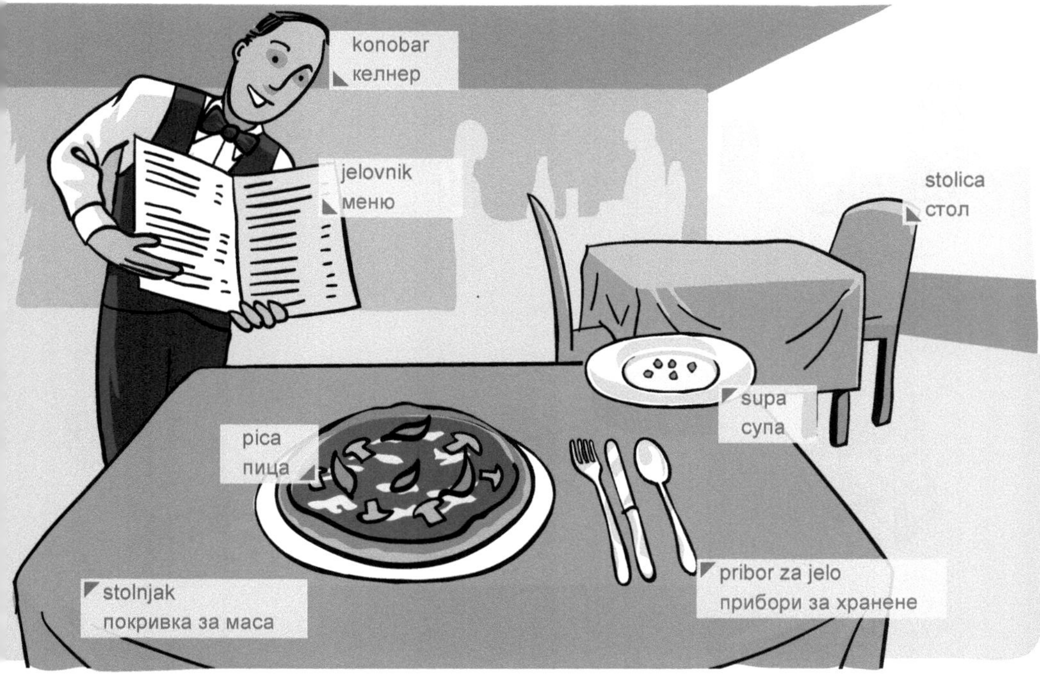

konobar
келнер
jelovnik
меню
stolica
стол
supa
супа
pica
пица
pribor za jelo
прибори за хранене
stolnjak
покривка за маса

predjelo
....
предястие

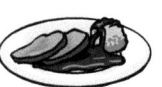

glavno jelo
....
основно ястие

desert
....
десерт

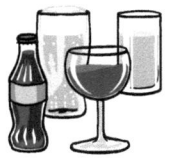

piće
....
напитки

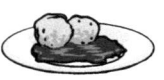

jelo
....
ядене

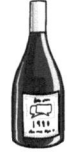

flaša
....
бутилка

brza hrana

бързо хранене

jelo sa ulice

улична храна

čajnik

кана за чай

šećernica

кутия за захар

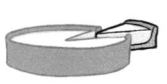

porcija

порция

mašina za espreso

еспресо машина

barska stolica

висок детски стол

račun

сметка

tacna

табла

nož

ножица за нокти

viljuška

вилица

kašika

лъжица

kašičica

чаена лъжичка

salveta

салфетка

čaša

стъклена чаша

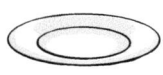

tanjir

чиния

tanjir za supu

чиния за супа

tanjurić

чинийка

sos

сос

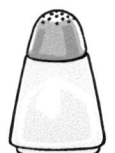

solanik

солница

mlin za biber

мелничка за черен пипер

sirće

оцет

ulje

олио

začini

подправки

kečap

кетчуп

senf

горчица

majoneza

майонеза

supermarket

супермаркет

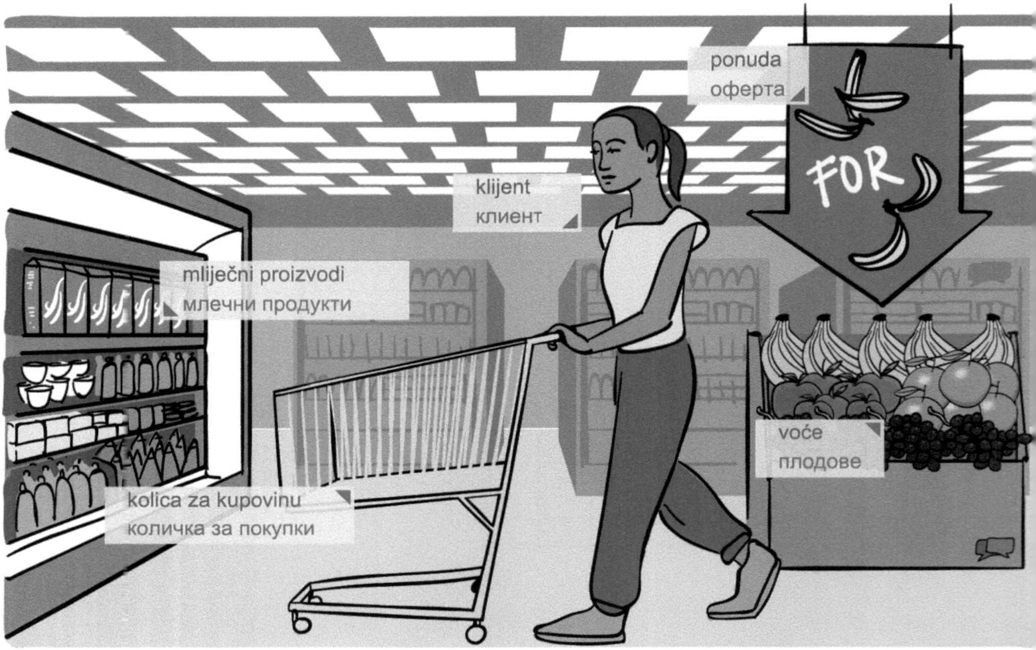

ponuda
оферта
FOR
klijent
клиент
mliječni proizvodi
млечни продукти
voće
плодове
kolica za kupovinu
количка за покупки

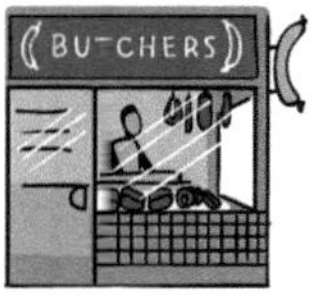

BUTCHERS

mesnica- klaonica

кланица

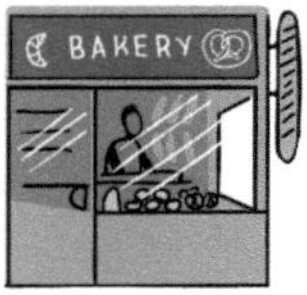

BAKERY

pekara

хлебарница

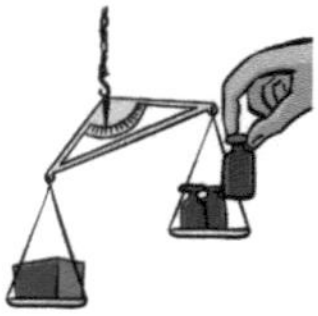

vagati

тегля

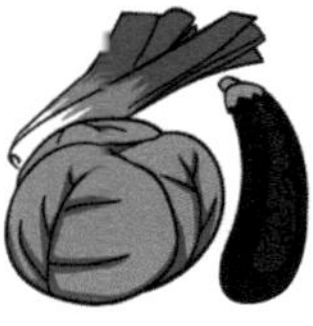

povrće

зеленчуци

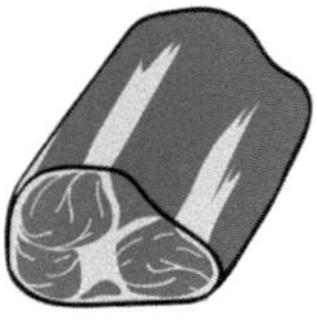

meso

месо

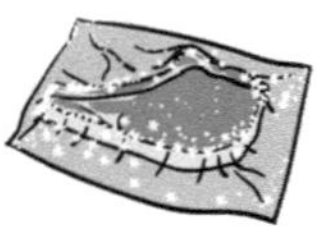

zaleđena hrana

дълбоко замразена храна

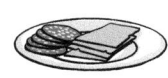

narezak

нарязан колбас или сирене

konzerve

консерви

prašak za veš

перилен препарат

slatkiši

лакомства

kućanski proizvodi

домакински изделия

sredstvo za čišćenje

почистващи препарати

prodavačica

продавачка

kasa

каса

blagajnik

касиер

lista za kupovinu

списък на покупките

radno vrijeme

работно време

novčanik

портфейл

kreditna kartica

кредитна карта

torba

чанта

najlonska vrećica

пластмасова торба

voda

вода

sok

сок

mlijeko

мляко

kola

кола

vino

вино

pivo

бира

alkohol

алкохол

kakao

какао

čaj

чай

kafa

кафе машина

espreso

еспресо

kapućino

капучино

banana

банан

jabuka

ябълка

narandža

портокал

lubenica

пъпеш

limun

лимон

mrkva

морков

bijeli luk

чесън

bambus

бамбук

crveni luk

лук

gljiva

гъба

orašasti plodovi

ядки

pasta

макарони

špagete

спагети

riža

ориз

salata

салата

pomfrit

пържени картофи

pečeni krompir

печени картофи

pica

пица

hamburger

хамбургер

sendvič

сандвич

šnicla

шницел

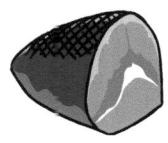

šunka

шунка

kobasica

траен колбас

kobasica

салам

kokoš

пиле

pečenje

печено

riba

риба

zobene pahuljice

овесени ядки

muzli

мюсли

kornfleks

корнфлейкс

brašno

брашно

kroason

кроасан

zemičke

хлебчета

kruh

хляб

tost

препечена филийка

keksi

бисквити

maslac

масло

svježi sir

извара

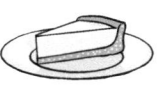

kolač

сладкиш

jaje

яйце

jaje na oko

яйца на очи

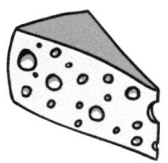

sir

сирене

sladoled

сладолед

šećer

захар

med

мед

marmelada

мармалад

nugat krema

нуга крем

kuri

къри

seosko imanje
селски двор

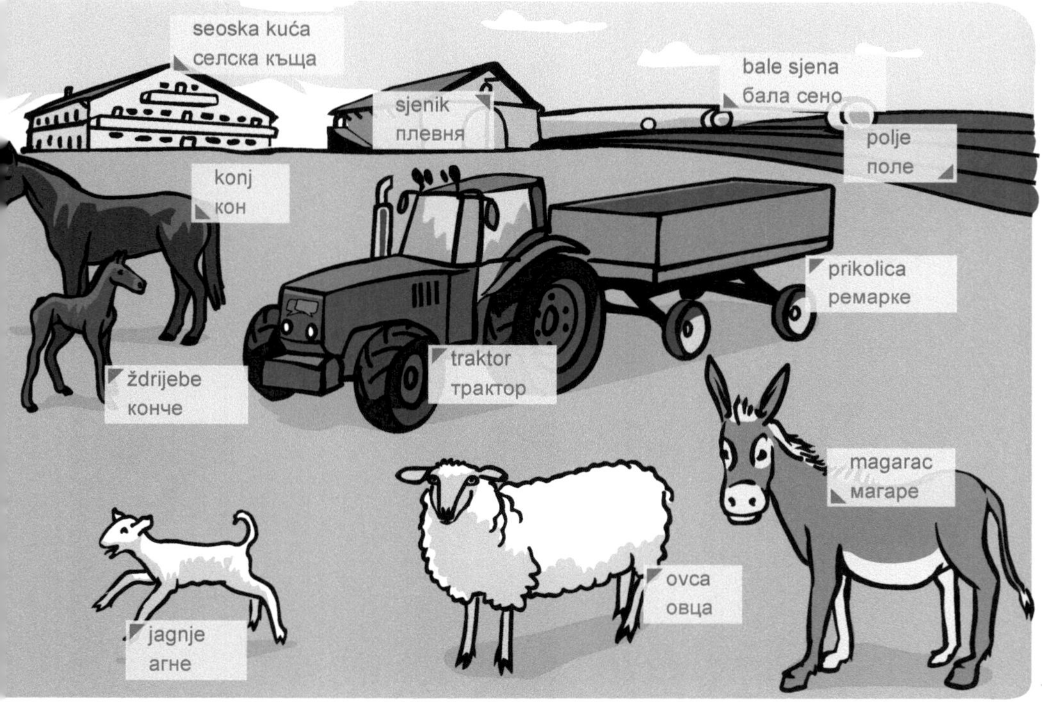

seoska kuća
селска къща
sjenik
плевня
bale sjena
бала сено
polje
поле
konj
кон
prikolica
ремарке
traktor
трактор
ždrijebe
конче
magarac
магаре
ovca
овца
jagnje
агне

koza
коза

krava
крава

tele
теле

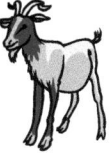

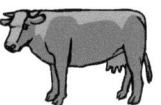

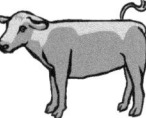

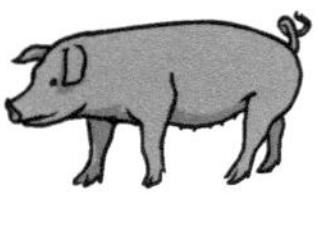

svinja
свиня

prase
прасенце

bik
бик

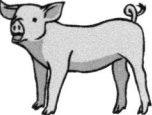

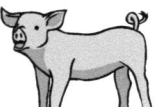

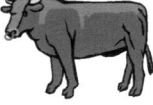

guska

гъска

patka

патица

pile

пиленце

kokoška

кокошка

pjetao

петел

pacov

плъх

mačka

котка

miš

мишка

vol

вол

pas

куче

pseća kućica

кучешка колиба

crijevo za baštu

градински маркуч

kanta za zalijevanje

лейка

kosa

коса

plug

плуг

srp
сърп

motika
мотика

vile
вила за тор

sjekira
брадва

tačke
ръчна количка

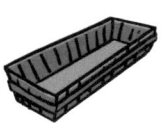

korito
корито

bokal za mlijeko
съд за мляко

vreća
чувал

ograda
ограда

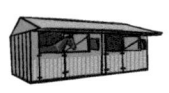

štala
обор

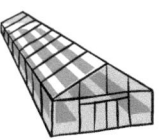

staklenik
парник

tlo
земя

sjeme
сеитба

đubrivo
тор

kombajn
комбайн

kositi

жъна

žetva

реколта

jam korijen

ямс

pšenica

жито

soja

соя

krompir

картоф

kukuruz

царевица

uljana repica

рапица

drvo voća

овощно дърво

manioka

маниока

žito

зърнени храни

kuća

къща

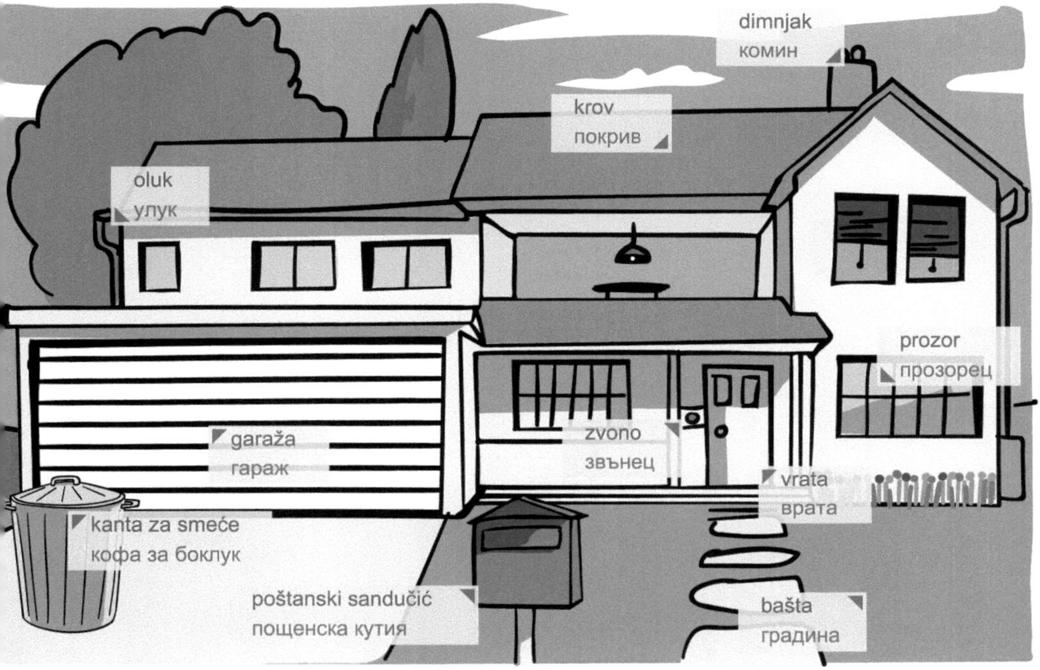
dimnjak
комин
krov
покрив
oluk
улук
prozor
прозорец
garaža
гараж
zvono
звънец
vrata
врата
kanta za smeće
кофа за боклук
poštanski sandučić
пощенска кутия
bašta
градина

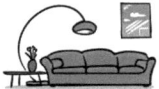

dnevni boravak

всекидневна

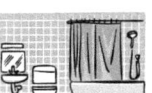

kupatilo

баня

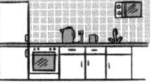

kuhinja

кухня

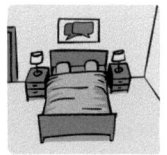

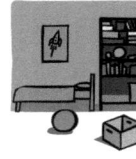

spavaća soba

спалня

dječija soba

детска стая

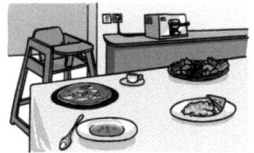

trpezarija

трапезария

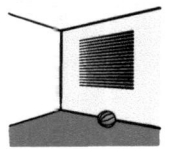

pod, tlo
под

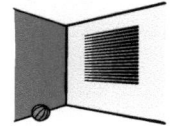

zid
стена

plafon
таван

podrum
изба

sauna
сауна

balkon
балкон

terasa
тераса

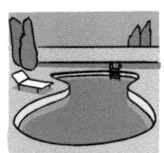

bazen
плувен басейн

kosilica
косачка

posteljina
спално бельо

pokrivač
покривка за легло

krevet
легло

metla
мэтла

kanta
кофа

prekidač
електрически ключ

dnevni boravak
всекидневна

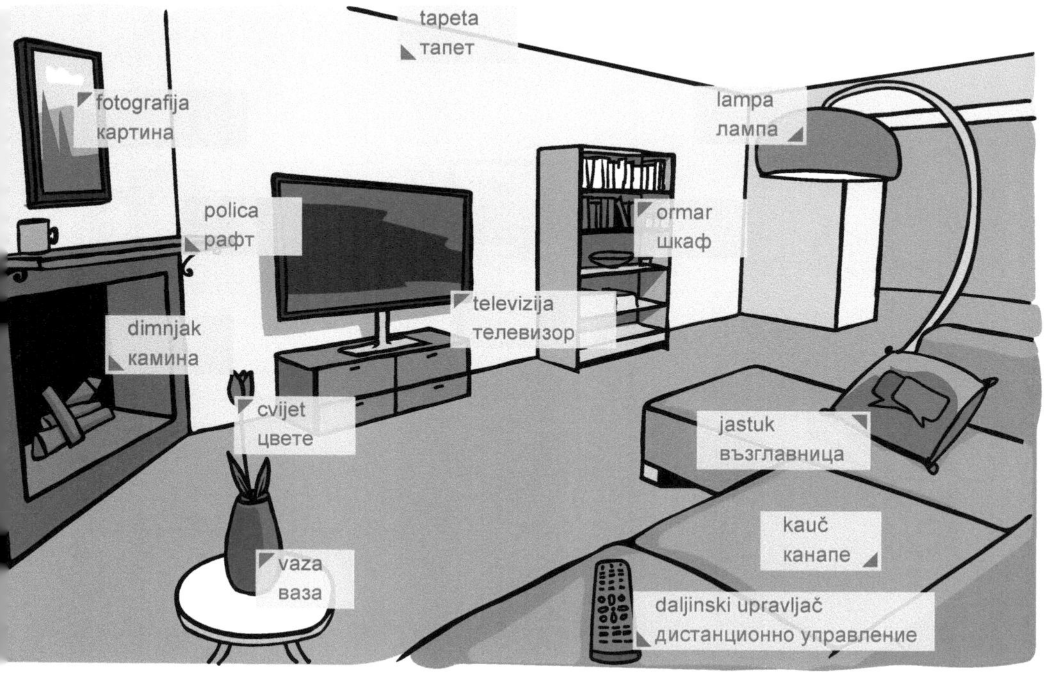
tapeta
тапет
fotografija
картина
lampa
лампа
polica
рафт
ormar
шкаф
televizija
телевизор
dimnjak
камина
cvijet
цвете
jastuk
възглавница
kauč
канапе
vaza
ваза
daljinski upravljač
дистанционно управление

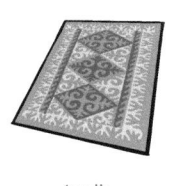

tepih
....
килим

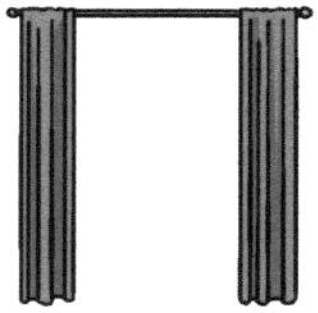

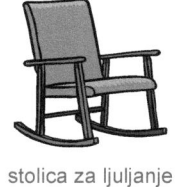

zavjesa
....
завеса

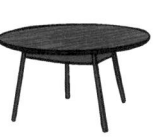

stol
....
маса

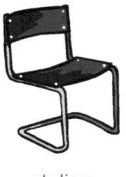

stolica
....
стол

stolica za ljuljanje
....
люлеещ се стол

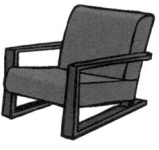

fotelja
....
кресло

knjiga

книга

deka

одеяло

dekoracija

декорация

lcžno drvo

дърва за отопление

film

филм

stereo uređaj

стерео уредба

ključ

ключ

novine

вестник

umjetnička slika

живопис

poster

постер

radio

радио

blok za bilješke

бележник

sisavač

прахосмукачка

kaktus

кактус

svijeća

свещ

kuhinja
кухня

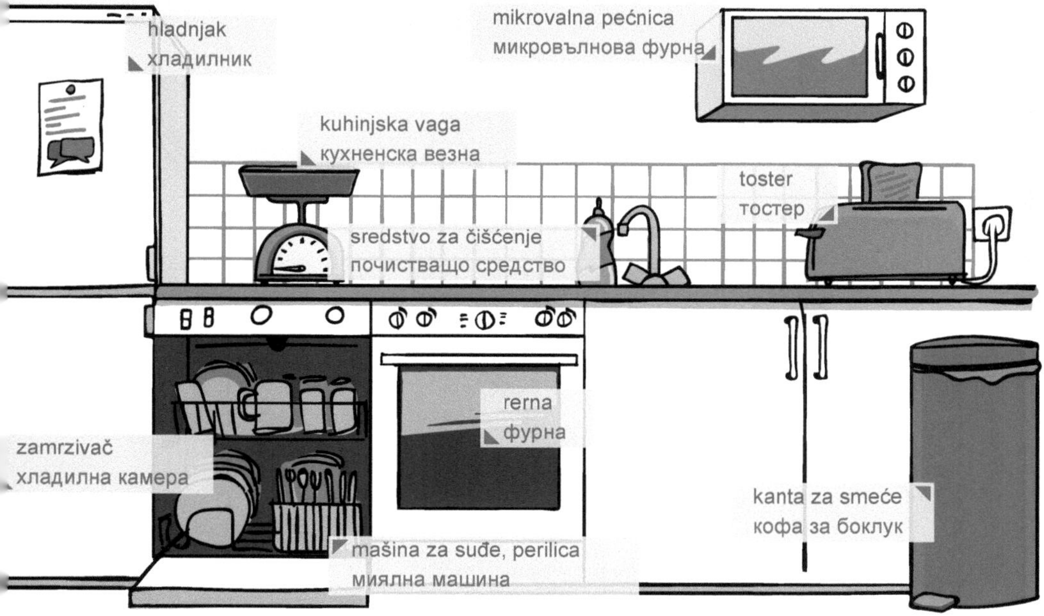

hladnjak
хладилник
mikrovalna pećnica
микровълнова фурна
kuhinjska vaga
кухненска везна
toster
тостер
sredstvo za čišćenje
почистващо средство
rerna
фурна
zamrzivač
хладилна камера
kanta za smeće
кофа за боклук
mašina za suđe, perilica
миялна машина

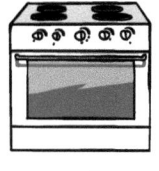

peć
....
готварска печка

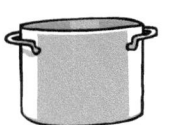

lonac
....
тенджера

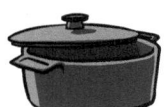

metalni lonac
....
желязна тенджера

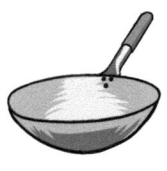

vok / kadai
....
уок / кадаи

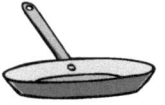

tava, tiganj
....
тиган

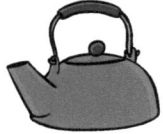

kuhalo
....
кана за затопляне на вода

aparat za kuhanje na pari

уред за готвене на пара

lim za pečenje

тава за печене

posuđe

съдове

šalica

чаша

činija

купа

kineski štapići

клечки за хранене

kutlača

черпак

lopatica

лопатка за тиган

metlica za snijeg bjelanjca

тел за разбиване (на яйца, белтъци)

sito za kuhanje

кошница за варене

sito

гевгир

ribež

ренде

avan s tučkom

хаван

roštilj

барбекю

ložište

огнище

daska
дъска

oklagija
точилка

vadičep
тирбушон

konzerva
кутия

otvarač za konzerve
отварачка за консерви

krpe za lonac
кухненска ръкохватка

sudoper
мивка

četka
четка

spužva
гъба

mikser
миксер

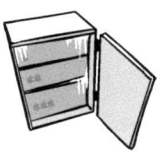

zamrzivač
фризер

flašica za bebu
бебешко шише

slavina
воден кран

kupatilo

баня

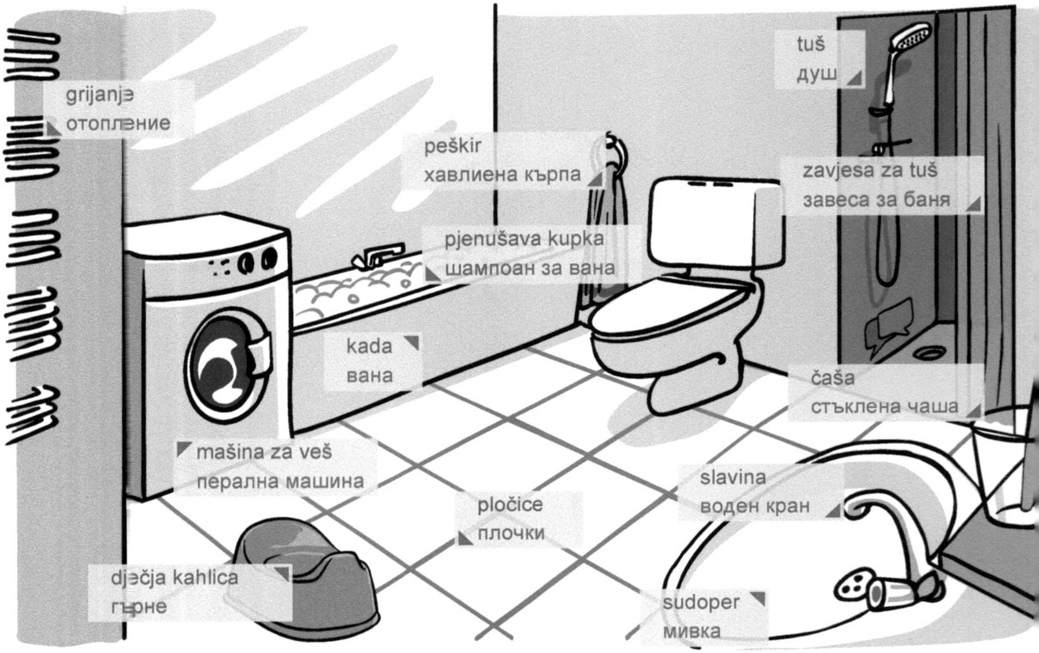

grijanje
отопление
peškir
хавлиена кърпа
tuš
душ
zavjesa za tuš
завеса за баня
pjenušava kupka
шампоан за вана
kada
вана
čaša
стъклена чаша
mašina za veš
перална машина
slavina
воден кран
pločice
плочки
dječja kahlica
гърне
sudoper
мивка

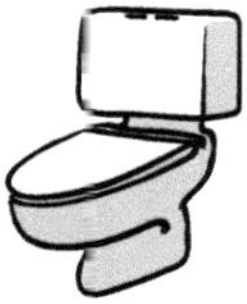
toalet
toалетна

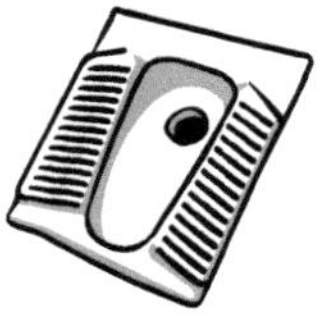
čučavac
клекало

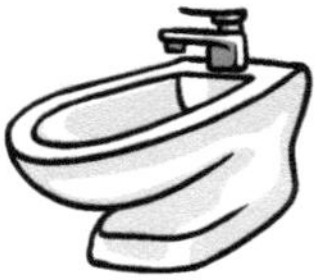
bide
биде

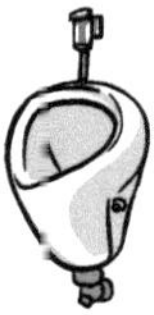
pisoar
писоар

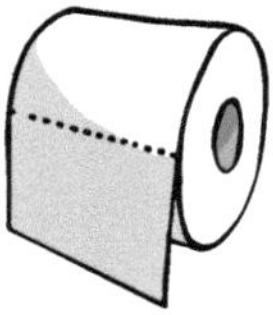
toalet papir
тоалетна хартия

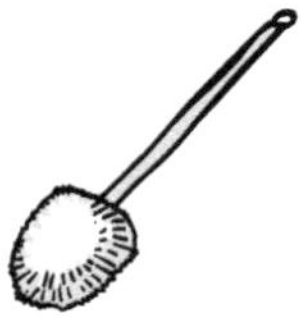
četka za wc
четка за тоалетна

četkica za zube

четка за зъби

pasta za zube

паста за зъби

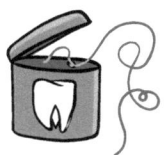

zubni konac

конец за зъби

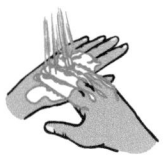

prati

мия

tuš

ръчен душ

intimni tuš

интимен душ

lavor

леген

četka za leđa

четка за гръб

sapun

сапун

gel za tuširanje

душ гел

šampon

шампоан за вана

krpe za pranje

гъба за баня

odvod

сифон

krema

крем

dezodorans

дезодорант

ogledalo

огледало

ogledalo za šminkanje

козметично огледало

brijač

ръчна самобръсначка

pjena za brijanje

пяна за бръснене

vodica poslije brijanja

одеколон за след
бръснене

češalj

гребен

četka

четка

fen

сешоар

sprej za kosu

спрей за коса

puder

грим

karmin

червило

lak za nokte

лак за нокти

vata

памук

makazice za nokte

ножица за нокти

parfem

парфюм

kozmetička torbica
....
тоалетна чантичка

hoklica
....
табуретка

vaga
....
везна

kupaći ogrtač
....
хавлия

rukavice za čišćenje
....
домакински ръкавици

tampon
....
тампон

uložak za dame
....
дамски превръзки

hemijski toalet
....
химическа тоалетна

dječija soba

детска стая

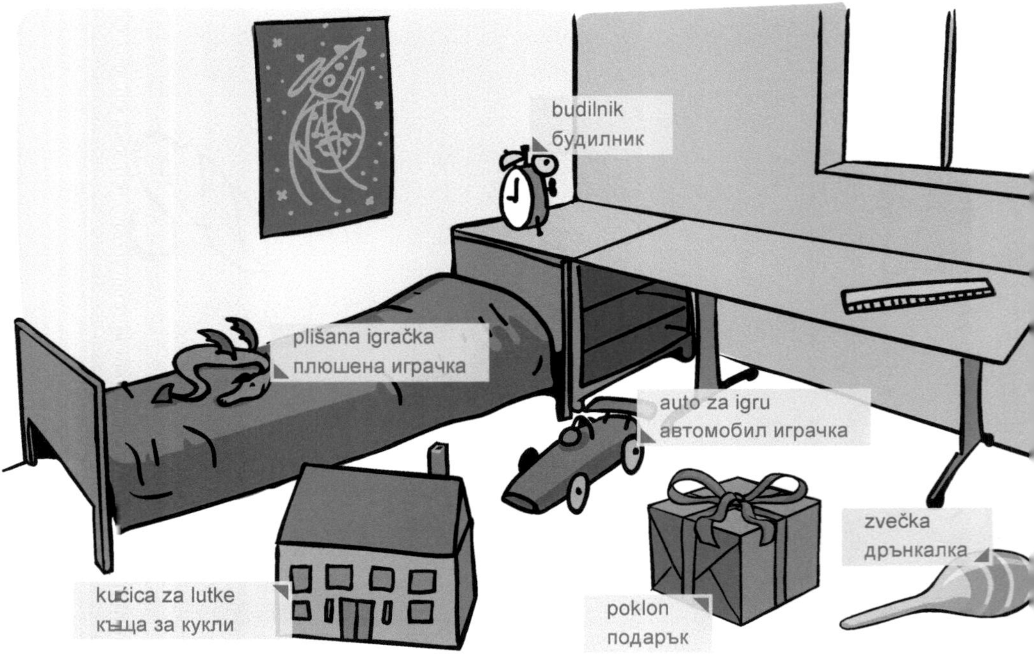

budilnik
будилник
plišana igračka
плюшена играчка
auto za igru
автомобил играчка
zvečka
дрънкалка
kućica za lutke
къща за кукли
poklon
подарък

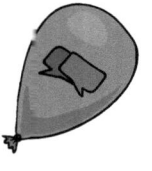

balon

балон

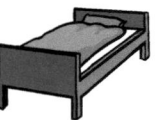

krevet

легло

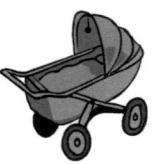

kolica za djecu

детска количка

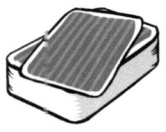

karte za igranje

игра на карти

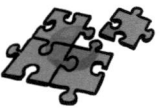

puzle

пъзел

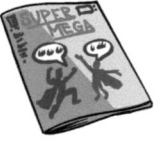

strip

комикс

lego kockice

лего елементи

kockice za gradnju

строителни елементи

akcione figure

екшън фигурка

benkica

бебешки гащеризон

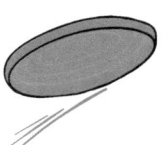

frizbi

фрисби

mobile

бебешки играчки за легло

igra na ploči

настолна игра

kocka

зарче

miniatura željeznice

миниатюрно влакче

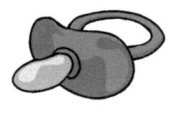

cucla

биберон

zabava

парти

slikovnica

детска книга с илюстрации

lopta

топка

lutka

кукла

igrati

играя

pešćanik

пясъчник

ljuljačka

люлка

igračke

играчка

konzola za igru

игрова конзола

triciklo

велосипед с три колелета

medvjedić

плюшено мече

ormar

гардероб

odjeća

облекло

kratke čarape

къси чорапи

čarape

дълги чорапи

hulahopke

чорапогащник

šal
шал

kišobran
чадър

kaiš
колан

majica kratkih rukava
Т-шърт

čizme
ботуши

papuče
пантофи

patike
гуменки

sandale
....
сандали

cipele
....
обувки

gumene čizme
....
гумени ботуши

gaće
....
слип

grudnjak
....
сутиен

potkošulja
....
долна блуза

bodi

боди

hlače

панталон

farmerke

дънки

suknja

пола

bluza

блуза

košulja

риза

džemper

гуловер

majica

суичър

sako

блейзър

jakna

яке

mantil

палто

kišni mantil

дъждобран

kostim

костюм

haljina

рокля

vjenčanica

булчинска рокля

odjeća - облекло

odijelo

костюм

spavaćica

нощница

pidžama

пижама

sari

сари

marama

кърпа за глава

turban

тюрбан

burka

бурка

kaftan

кафтан

abaja

абая

kupaći kostim

бански костюм

kupaće gaće

плувни шорти

kratke hlače

къс панталон

trenerka

анцуг

pregača

престилка

rukavice

ръкавици

dugme

копче

naočare

очила

narukvica

гривна

ogrlica

верижка

prsten

пръстен

naušnica

обеца

kapa

каскет

vješalica

закачалка

šešir

шапка

kravata

врэтовръзка

patentni zatvarač

цип

kaciga

каска

treçeri za hlače

гиранти

školska uniforma

ученическа униформа

uniforma

униформа

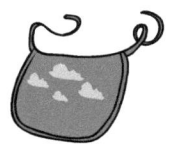

podbradak

лигавник

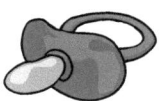

cucla

биберон

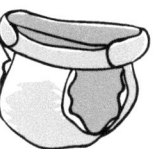

pelene

пелена

ured

офис

server
сървър
ormar za kartoteku
шкаф за документи
štampač
принтер
papir
хартия
monitor
монитор
miš
мишка
pisaći sto
бюро
registrator
папка
tastatura
клавиатура
korpa za papir
кошче за хартиени отпадъци
stolica
стол
kompjuter
компютър

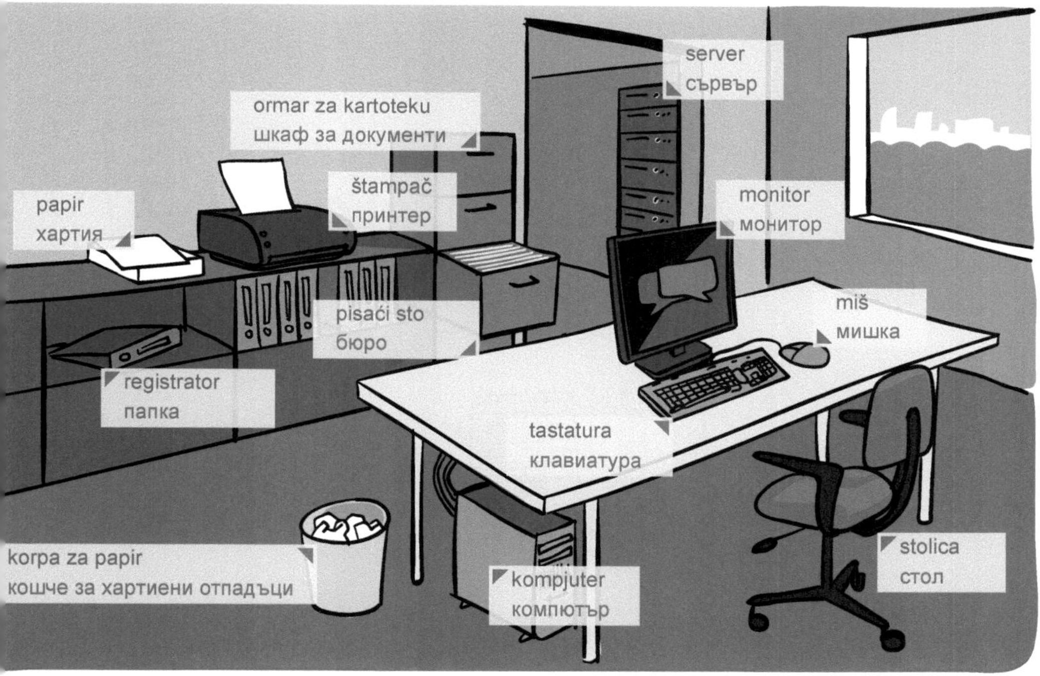

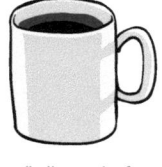

šolja za kafu

чаша за кафе

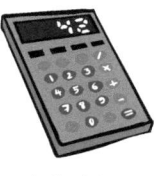

kalkulator

джобен калкулатор

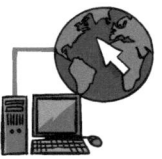

internet

интернет

laptop

лаптоп

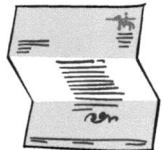

pismo

писмо

poruka

съобщение

mobilni telefon

мобилен телефон

mreža

мрежа

aparat za kopiranje

ксерокс

softver

софтуер

telefon

телефон

utičnica

контакт

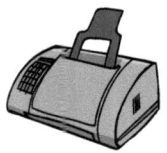

faks

факс

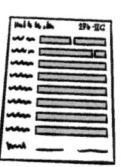

formular

формуляр

dokument

документ

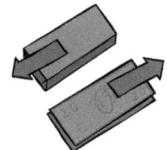

kupovati
купувам

platiti
плащам

trgovati
търгувам

novac
пари

dolar
долар

euro
евро

jen
йена

rublja
рубла

franak
швейцарски франк

renminbi jen
ренминби юан

rupi
рупия

bankomat
банкомат

mjenjačnica

обменно бюро

zlato

злато

srebro

сребро

nafta

нефт

energija

енергия

cijena

цена

ugovor

договор

porez

данък

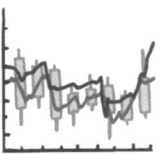

akcija

акция

raditi

работя

službenik

служител

poslodavac

работодател

fabrika

фабрика

radnja

магазин за цветя

zanimanja
професии

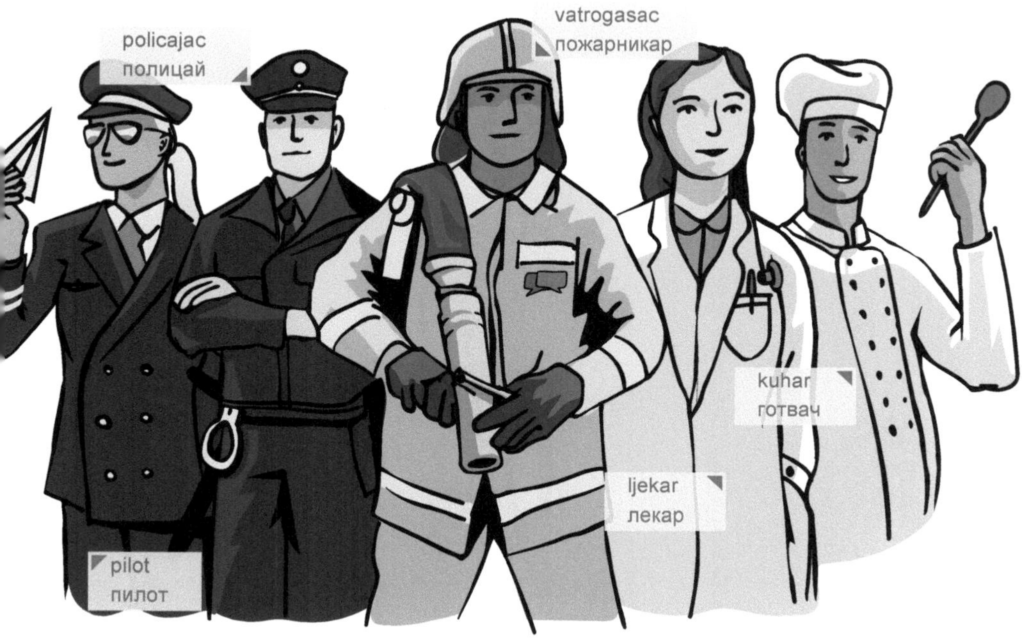
policajac
полицай
vatrogasac
пожарникар
kuhar
готвач
ljekar
лекар
pilot
пилот

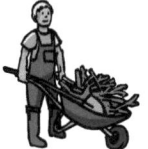

baštovan

градинар

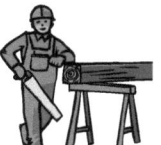

stolar

мебелист

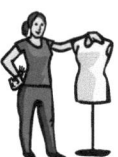

krojačica

шивачка

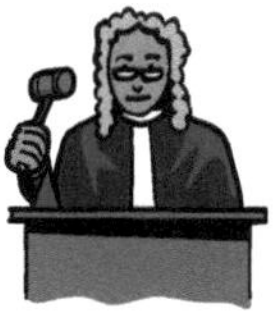

sudija

съдия

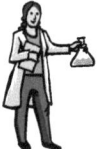

hemičar

химик

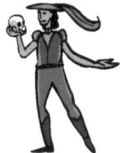

glumac

артист

vozač autobusa

шофьор на автобус

vozač taksija

шофьор на такси

ribar

рибар

čistačica

чистачка

krovopokrivač

майстор на покриви

konobar

келнер

lovac

ловец

moler

художник

pekar

хлебар

električar

електротехник

građevinski radnik

строителен работник

inženjer

инженер

koljač

касапин

limar, vodoinstalater

тенекеджия

poštar

пощальон

vojnik

войник

arhitekta

архитект

blagajnik

касиер

cvjećar

цветар

frizer

фризьор

kontrolor

кондуктор

mehaničar

механик

kapiten

капитан

zubar

зъболекар

naučnik

научен работник

rabin

равин

imam

имàм

monah

монах

sveštenik

свещеник

alat

инструменти

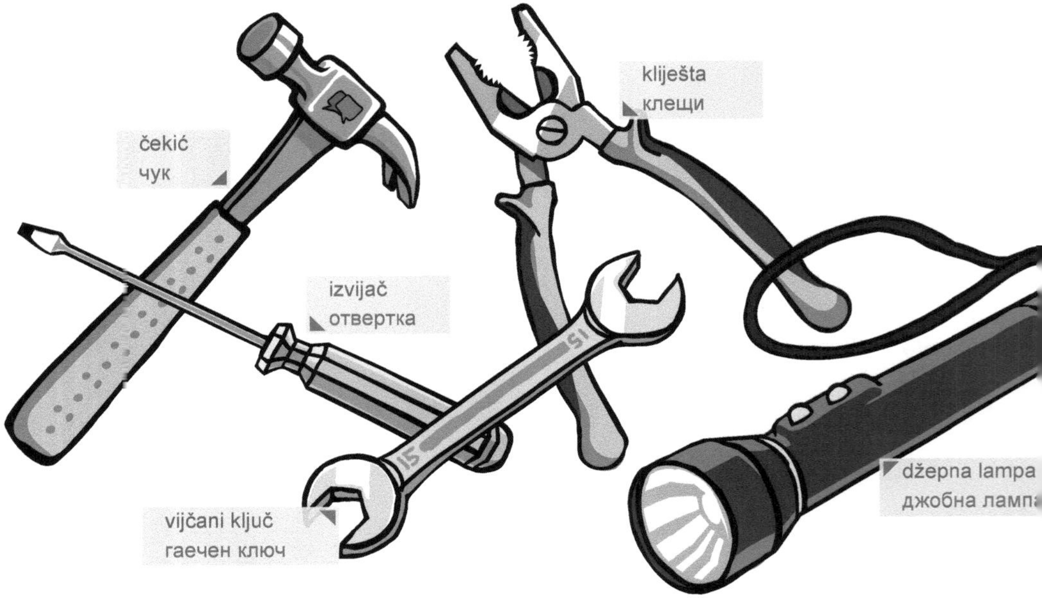

čekić
чук
klješta
клещи
izvijač
отвертка
vijčani ključ
гаечен ключ
džepna lampa
джобна лампа

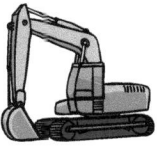

bager

багер

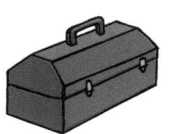

kutija sa alatom

кутия за инструменти

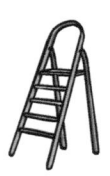

ljestve

стълба

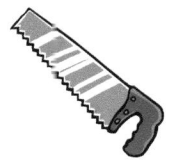

testera, pila

трион

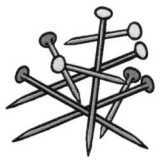

ekser

пирони

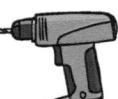

bušilica

бормашина

popraviti

ремонтирам

lopata

лопата

sranje!

По дяволите!

lopatica

лопатка за смет

kanta boje

кутия за боя

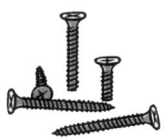

vijak

болтове

muzički instrumenti
музикални инструменти

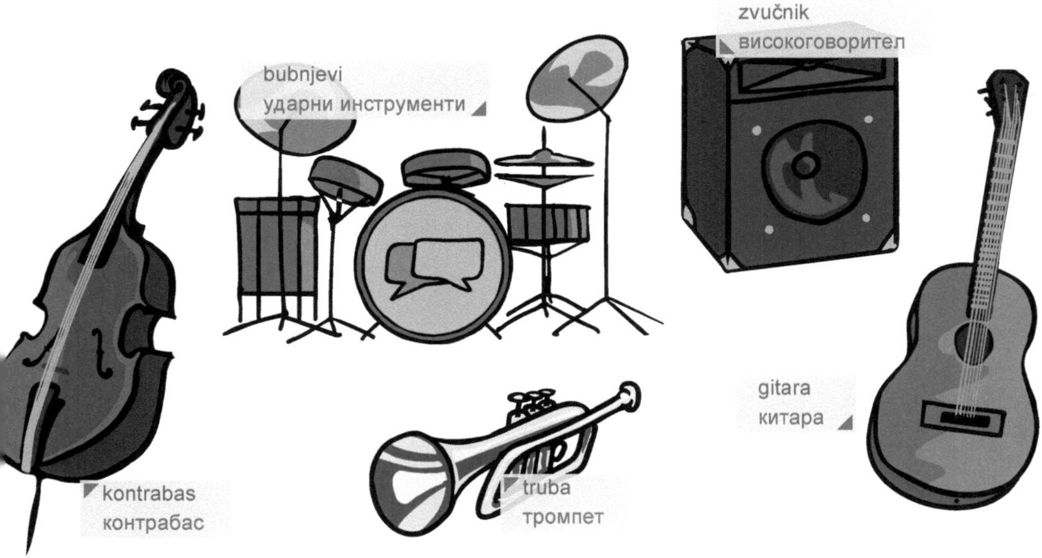

zvučnik
високоговорител

bubnjevi
ударни инструменти

gitara
китара

kontrabas
контрабас

truba
тромпет

klavir

пиано

violina

виолина

bas

контрабас

bubanj timpani

тимпан

bubanj

барабан

sintisajzer

електрическо пиано

saksofon

саксофон

flauta

флейта

mikrofon

микрофон

zološki vrt

зоологическа градина

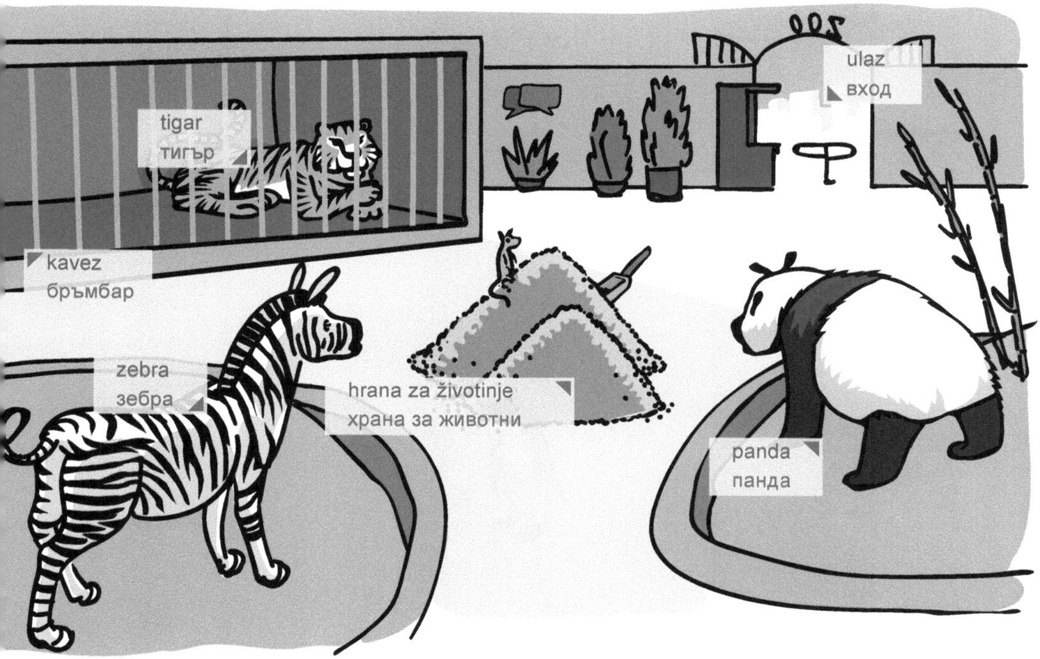
ulaz
вход
tigar
тигър
kavez
бръмбар
zebra
зебра
hrana za životinje
храна за животни
panda
панда

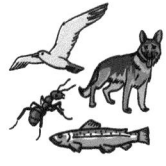

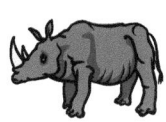

životinje

животни

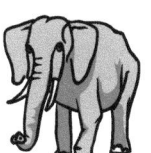

slon

слон

kengur

кенгуру

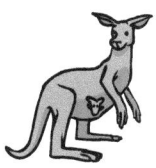

nosorog

носорог

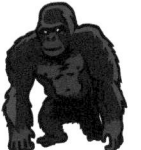

gorila

горила

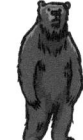

medvjed

мечка

kamila

камила

noj

щраус

lav

лъв

majmun

маймуна

flamingo

фламинго

papagaj

папагал

polarni medvjed

бяла мечка

pingvin

пингвин

morski pas

акула

paun

паун

zmija

змия

krokodil

крокодил

čuvar u zoološkom vrtu

пазач в зоологическа
градина

tuljan

тюлен

jaguar

ягуар

poni

пони

leopard

леопард

nilski konj

хипопотам

žirafa

жираф

orao

орел

divlja svinja

диво прасе

riba

риба

kornjača

костенурка

morž

морж

lisica

лисица

gazela

газела

američki fudbal
американски футбол

vožnja bicikla
колоездене

tenis
тенис

košarka
баскетбол

plivanje
плуване

boks
бокс

hokej na ledu
хокей на лед

fudbal
....
футбол

bedminton
....
бадминтон

laka atletika
....
лека атлетика

rukomet
....
хендбал

skijanje
....
ски бягане

polo
....
поло

skakati
скачам

zagrliti
прегръщам

smijati se
смея се

ići
вървя

pjevati
пея

moliti
моля се

ljubiti
целувам

sanjati
сънувам

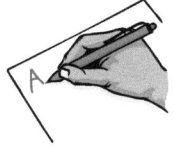

pisati

пиша

crtati

рисувам

pokazati

показвам

gurati

бутам

dati

давам

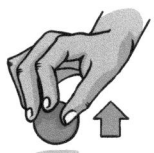

uzeti

взимам

imati

имам

raditi

правя

biti

съм

stajati

стоя

trčati

тичам

vući

дърпам

baciti

хвърлям

pasti

падам

ležati

лежа

čekati

чакам

nositi

нося

sjediti

седя

obući

обличам

spavati

спя

probuditi

събуждам се

pogledati

разглеждам

plakati

плача

milovati

милвам

češljati

реша се

govoriti

говоря

razumjeti

разбирам

pitati

питам

slušati

слушам

piti

пия

jesti

ям

pospremiti

разтребвам

voljeti

обичам

kuhati

готвя

voziti

карам автомобил

letjeti

летя

jedriti

плавам (с платна)

računati

смятане

čitati

чета

učiti

уча

raditi

работя

vjenčavti

женя се

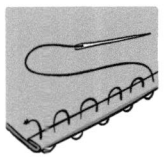

šiti

шия

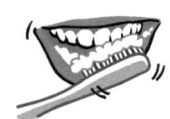

prati zube

измивам си зъбите

ubiti

убивам

pušiti

пуша

slati

изпращам

porodica
семейство

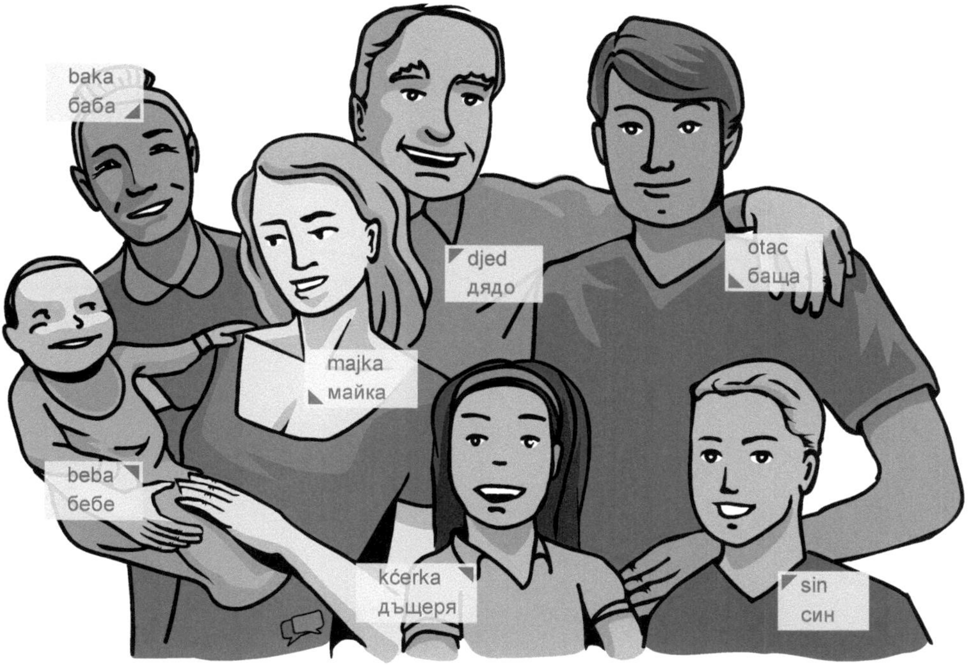
baka
баба
djed
дядо
otac
баща
majka
майка
beba
бебе
kćerka
дъщеря
sin
син

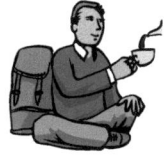

gost

посетител

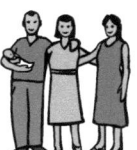

ujna, tetka, strina

леля

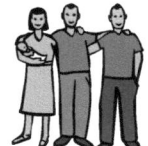

ujak, tetak, stric

чичо

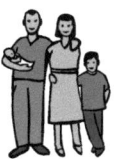

brat

брат

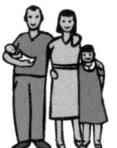

sestra

сестра

tijelo

тяло

čelo
чело
oko
око
leđa
рамо
prst
пръст
lice
лице
brada
брадичка
ruka, šaka
ръка
noga
крак
grudi
гърди
ruka
ръка

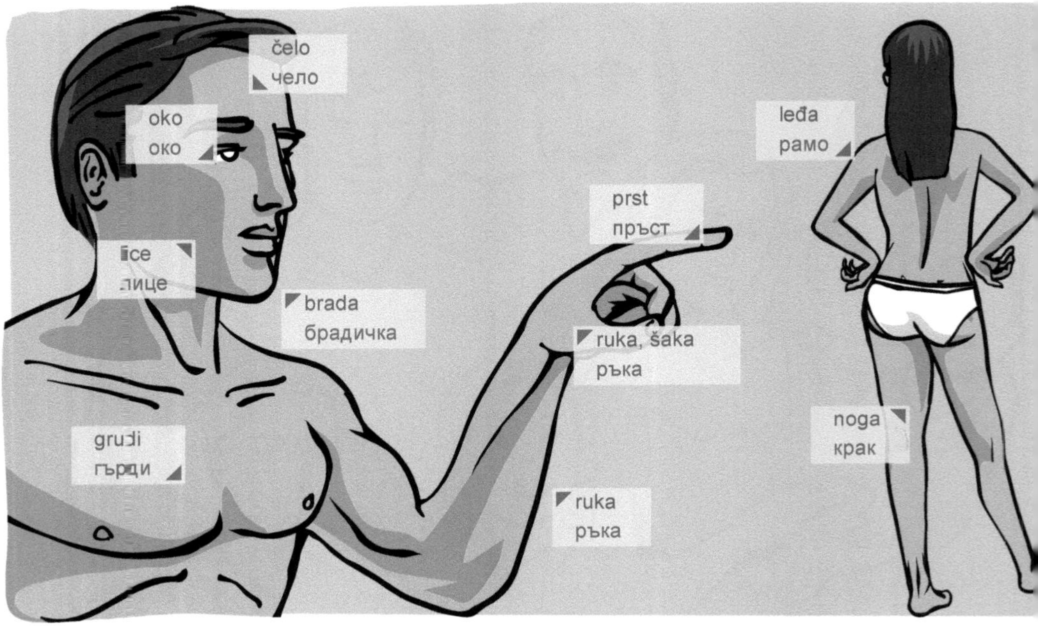

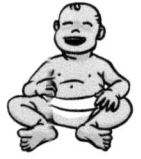

beba

бебе

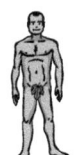

muškarac

мъж

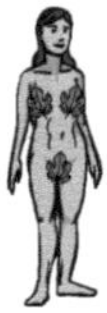

žena

жена

djevojčica

момиче

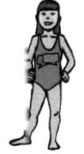

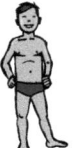

dječak

момче

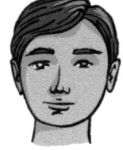

glava

глава

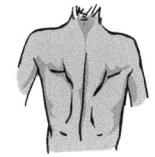

leđa
....
гръб

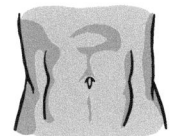

stomak
....
корем

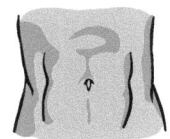

pupak
....
пъп

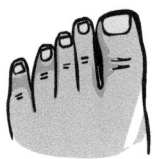

nožni prst
....
пръст на крака

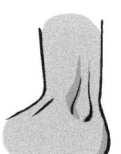

peta
....
пета

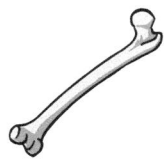

kosti
....
кост

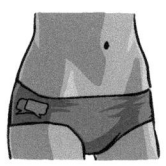

kuk
....
хълбок

koljeno
....
коляно

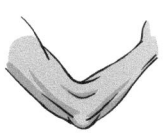

lakat
....
лакът

nos
....
нос

stražnjica
....
седалище

koža
....
кожа

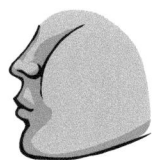

obraz
....
буза

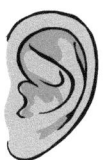

uho
....
ухо

usna
....
устна

usta

уста

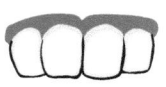

zub

зъб

jezik

език

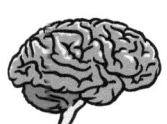

mozak

мозък

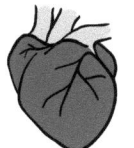

srce

сърце

mišić

мускул

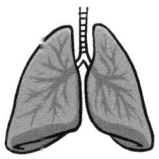

pluća

бял дроб

jetra

черен дроб

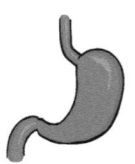

želudac

стомах

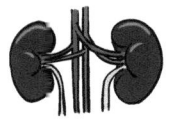

bubreg

бъбреци

spolni odnos

полово сношение

kondom

кондом

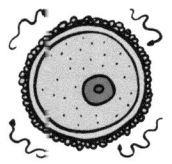

jajna ćelija

яйцеклетка

sperma

сперма

trudnoća

бременност

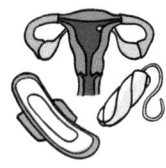

menstruacija

менструация

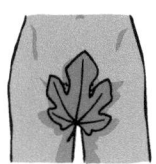

vagina

вагина

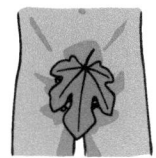

penis

пенис

obrva

вежда

kosa

коса

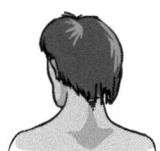

vrat

шия

bolnica
болница

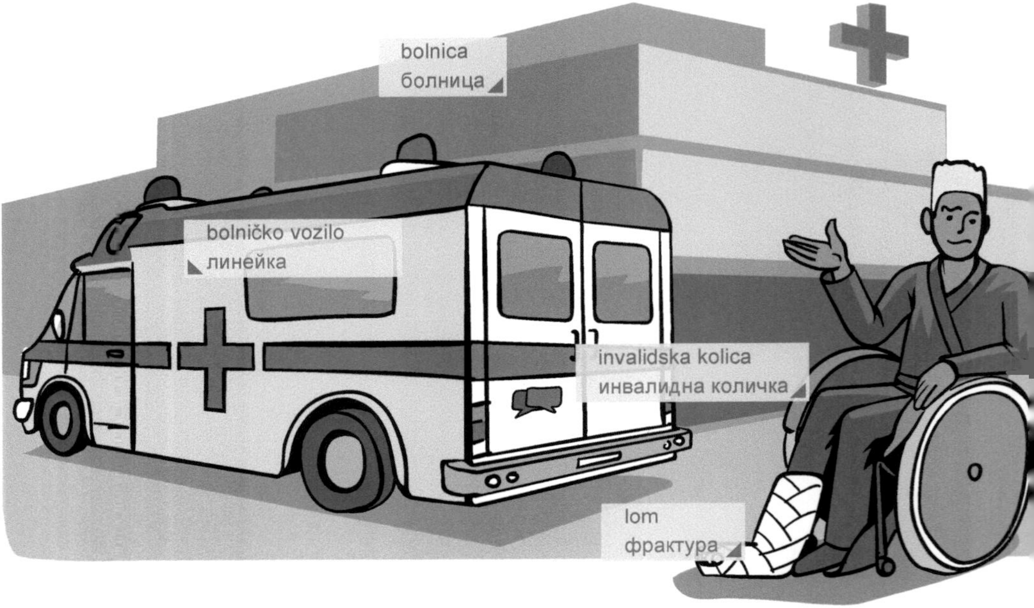

bolnica
болница
bolničko vozilo
линейка
invalidska kolica
инвалидна количка
lom
фрактура

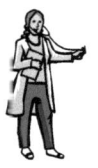

ljekar

лекар

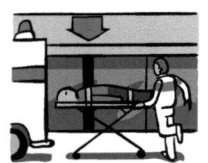

hitna služba

спешна хоспитализация

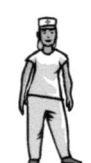

medicinska sestra

медицинска сестра

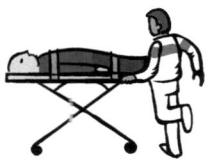

hitna pomoć

спешен случай

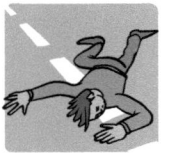

nesvjest

в безсъзнание

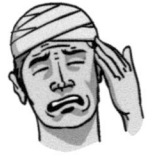

bol

болка

povreda

нараняване

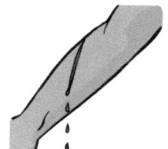

krvarenje

кървене

srčani udar, infarkt

инфаркт

moždani udar

инсулт

alergija

алергия

kašalj

кашлица

groznica

температура

gripa

грип

proljev

диария

glavobolja

главоболие

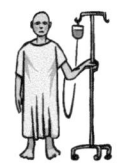

rak

рак

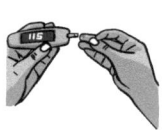

dijabetes

диабет

hirurg

хирург

skalpel

скалпел

operacija

операция

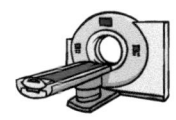

CT

компютърна томография

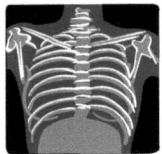

rendgen

рентген

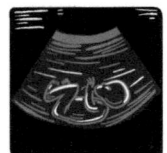

ultrazvuk

ултразвук

maska

маска

bolest

болест

čekaonica

чакалня

štake

патерица

flaster

пластир

zavoj

превръзка

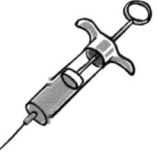

injekcija

инжекция

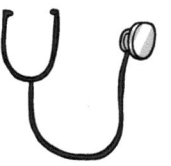

stetoskop

стетоскоп

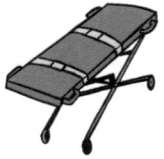

nosilo

носилка

termometar

термометър

porod

раждане

prekomjerna težina, debljina

наднормено тегло

slušni aparat

слухов апарат

sredstvo za dezinfekciju

дезинфекционно средство

infekcija

инфекция

virus

вирус

HIV/ AIDS

HIV / AIDS

medicina

медицина

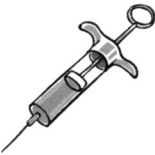

vakcinacija

ваксинация

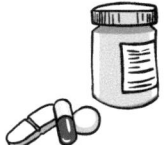

tablete

таблети

pilula

противозачатъчна
таблетка

hitni poziv

спешно телефонно
обаждане

aparat za mjerenje pritiska

апарат за измерване на
кръвното налягане

bolestan / zdrav

болен / здрав

Upomoć!

Помощ!

alarm

сигнал за тревога

napad, prepad

нападение

napad

атака

opasnost

опасност

izlaz u slučaju opasnosti

авариен изход

Požar!

Пожар!

vatrogasni aparat

пожарогасител

nezgoda

злополука

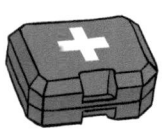

torba prve pomoći

комплект за оказване на
първа помощ

SOS

SOS

policija

полиция

Europa

Европа

Sjeverna Amerika

Северна Америка

Južna Amerika

Южна Америка

Afrika

Африка

Azija

Азия

Australija

Австралия

Atlantik

Атлантически океан

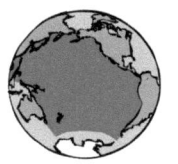

Pacifik

Тихи океан

Indijski okean

Индийски океан

Antarktički okean

Южен ледовит океан

Arktički okean

Северен ледовит океан

Sjeverni pol

Северен полюс

Južni pol

Южен полюс

Antarktik

Антарктида

Zemlja

Земя

zemlja

суша

more

море

ostrvo

остров

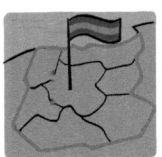

nacija

нация

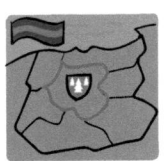

država

държава

brojčanik sata

циферблат

kazaljka sata

стрелка на часовете

kazaljka minute

стрелка на минутите

kazaljka sekunde

стрелка на секундите

Koliko je sati?

Колко е часът?

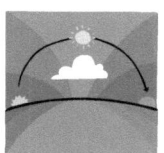

dan

ден

vrijeme

време

sada

сега

digitalni sat

дигитален часовник

minuta

минута

sat

час

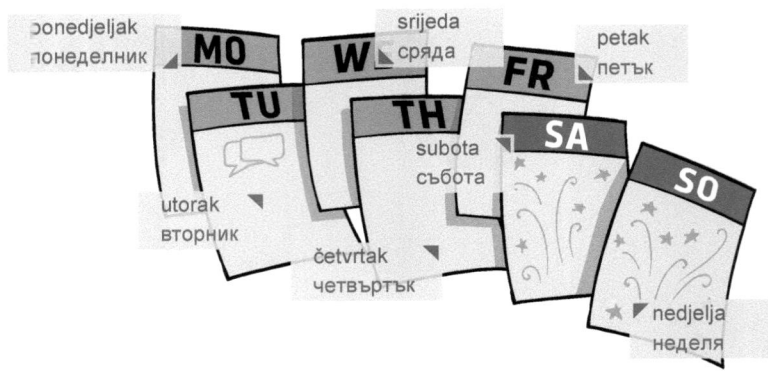

ponedjeljak
понеделник
MO

TU

srijeda
сряда
W

TH

FR
petak
петък

subota
събота
SA

SO

utorak
вторник

četvrtak
четвъртък

nedjelja
неделя

juče

вчера

danas

днес

sutra

утре

jutro

сутрин

podne

обед

veče

вечер

MO	TU	WE	TH	FR	SA	SU
1	2	3	4	5	6	7
8	9	10	11	12	13	14
15	16	17	18	19	20	21
22	23	24	25	26	27	28
29	30	31	1	2	3	4

radni dani

работни дни

MO	TU	WE	TH	FR	SA	SU
1	2	3	4	5	6	7
8	9	10	11	12	13	14
15	16	17	18	19	20	21
22	23	24	25	26	27	28
29	30	31	1	2	3	4

vikend

уикенд

godina
година

kiša
дъжд
duga
дъга
snijeg
сняг
vjetar
вятър
proljeće
пролет
jesen
есен
ljeto
лято
zima
зима

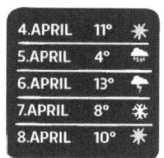

4.APRIL 11°
5.APRIL 4°
6.APRIL 13°
7.APRIL 8°
8.APRIL 10°

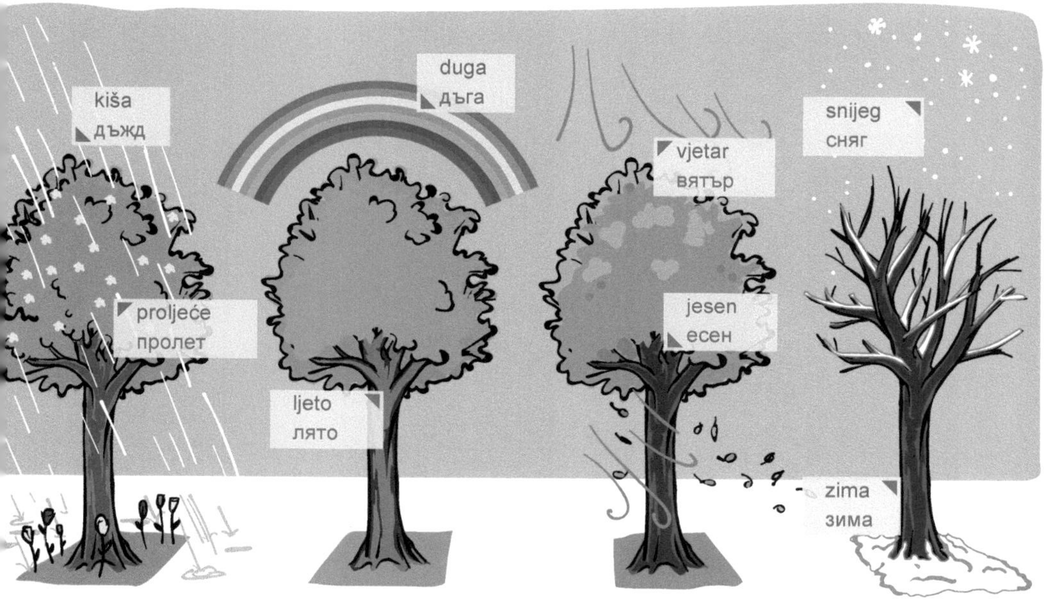

prognoza vremena
прогноза за времето

F C
120 90 60 30 0 -30
40 30 20 10 0 -10 -20

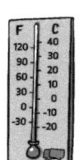

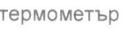

termometar
термометър

sunčev sjaj
слънчева светлина

oblak
облак

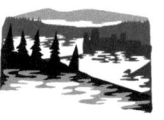

magla
мъгла

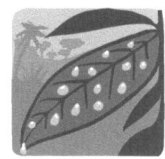

vlažnost vazduha
влажност на въздуха

munja

светкавица

grom

гръмотевица

oluja

буря

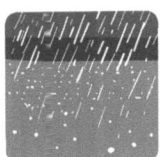

tuča, led

градушка

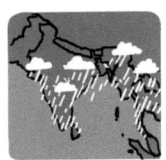

monsun

мусон

poplava

наводнение

led

лед

januar

януари

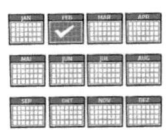

februar

февруари

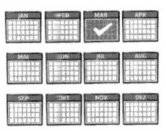

mart

март

april

април

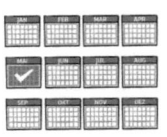

maj

май

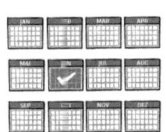

juni

юни

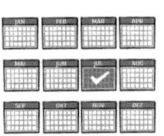

juli

юли

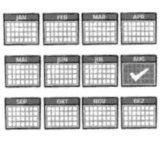

avgust

август

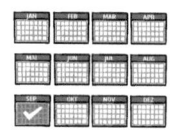

septembar

септември

oktobar

октомври

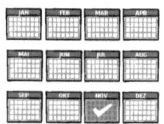

novembar

ноември

decembar

декември

oblici

форми

krug

кръг

kvadrat

квадрат

pravougao

четириъгълник

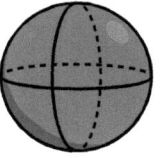

trougao

триъгълник

kugla

сфера

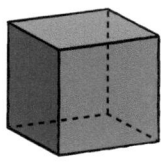

kocka

куб

bjel

бял

žut

жълт

narandžast

оранжев

pink

розов

crven

червен

ljubičast

лилав

plav

син

zelen

зелен

smeđ

кафяв

siv

сив

crn

черен

malo / mnogo

много / малко

ljutit / miran

ядосан / спокоен

lijep / ružan

красив / грозен

početak / kraj

начало / край

veliki / mali

голям / малък

svijetlo / tamno

светъл / тъмен

brat / sestra

брат / сестра

čist / prljav

чист / мръсен

potpun / nepotpun

пълен / непълен

dan / noć

ден / нощ

mrtav / živ

мъртъв / жив

široko / usko

широк / тесен

ukusno / neukusno

ядлив / неядлив

zao / prijatan

сърдит / любезен

uzbuđen / dosadan

развълнуван / скучаещ

debeo / mršav

дебел / тънък

najprije / najkasnije

най-напред / най-накрая

prijatelj / neprijatelj

приятел / враг

pun / prazan

пълен / празен

trvd / mekan

твърд / мек

težak / lagan

тежък / лек

glad / žeđ

глад / жажда

bolestan / zdrav

болен / здрав

ilegalan / legalan

нелегален / легален

inteligentan / glup

интелигентен / глупав

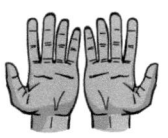

lijevo / desno

ляво / дясно

blizu / daleko

близо / далече

nov / polovan

нов / употребяван

ništa / nešto

нищо / нещо

star / mlad

стар / млад

uključeno / isključeno

вкл. / изкл.

otvoreno / zatvoreno

отворен / затворен

tiho / glasno

тих / силен (звук)

bogat / siromašan

богат / беден

tačno / pogrešno

правилен / погрешен

hrapav / glatak

грапав / гладък

tužan / srećan

тъжен / щастлив

kratak / dug

дълъг / къс

spor / brz

бавен / бърз

mokro / suho

мокър / сух

toplo / hladno

топъл / студен

rat / mir

война / мир

0

nula

нула

1

jedan

едно

2

dva

две

3

tri

три

4

četiri

четири

5

pet

пет

6

šest

шест

7

sedam

седем

8

osam

осем

9

devet

девет

10

deset

десет

11

jedanaest

единадесет

12

dvanaest

дванадесет

13

trinaest

тринадесет

14

četrnaest

четиринадесет

15

petnaest

петнадесет

16

šesnaest

шестнадесет

17

sedamnaest

седемнадесет

18

osamnaest

осемнадесет

19

devetnaest

деветнадесет

20

dvadeset

двадесет

100

sto

сто

1.000

hiljada

хиляда

1.000.000

milion

милион

engleski

английски

amerčki engleski

американски английски

kinesko mandarinski

китайски мандарин

hindi

хинди

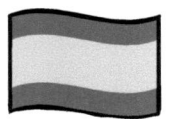

španski

испански

francuski

френски

arapski

арабски

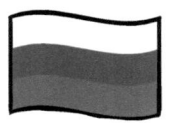

ruski

руски

portugalski

португалски

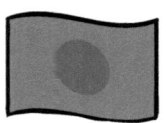

bengalski

бенгалски

njemački

немски

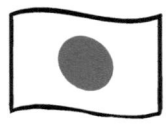

japanski

японски

ja

аз

ti

ти

on / ona / ono

той / тя / то

mi

ние

vi

вие

oni

те

ko?

кой?

šta?

какво?

kako?

как?

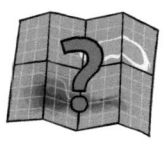

gdje?

къде?

kada?

кога?

ime

име

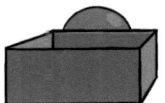

iza

зад

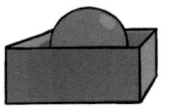

u

в

pred

пред

iznad

над

na

върху

ispod

под

pored

до

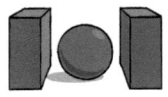

između

между

mjesto

място